FiT FÜR DIE SCHULE

W0345623

Das kann ich!

Grammatik 3. Klasse

von Andrea Essers
Illustrationen von Guido Wandrey
Coverillustration von Franziska Harvey

TESSLOFF

Vorwort

Liebe/r ______________________,

du möchtest Wortarten unterscheiden können, Satzglieder erkennen und wissen, wie du im Satz nach dem Subjekt fragst? Dann ist dieses Heft genau das Richtige für dich!

Du findest hier Aufgaben zu diesen Grammatikbereichen:

- **Nomen**
- **Pronomen**
- **Verben**
- **Adjektive**
- **Wortbausteine**
- **Satzarten**
- **Satzbau**
- **Wörtliche Rede**

So arbeitest du mit diesem Übungsheft:

→ Alle neuen Grammatikregeln werden in den blauen **Lernkästen** erklärt und mit **Beispielen** verdeutlicht.

→ Wiederhole mit den vielseitigen **Übungsaufgaben** alle wichtigen Inhalte der 3. Klasse und verbessere deine Grammatik-Kenntnisse.

→ Auf manchen Seiten findest du einen kleinen **Tippkasten**. Die **Tipps** darin helfen dir beim Lösen der Aufgaben.

→ Hast du alles richtig? Sieh einfach selbst in den **Lösungen** nach.

→ Du möchtest noch einmal etwas nachschauen? Schlag dazu auf der Seite **Wichtige Fachbegriffe** am Ende des Heftes nach!

Jetzt bist du richtig fit in Grammatik.

Viel Spaß und Erfolg!

Inhaltsverzeichnis

Nomen erkennen

→ **Nomen** (Namenwörter) bezeichnen Menschen, Tiere, Pflanzen und Dinge.
Du kannst außerdem Gefühle, Vorstellungen und Gedanken mit Nomen benennen.
Nomen werden immer großgeschrieben und haben einen Artikel (Begleiter).

der **J**unge ein **H**ase die **B**lume das **B**uch
die **L**iebe die **W**eisheit die **I**dee

1 Was trifft auf die Nomen zu? Kreuze an.

	Mensch, Tier, Pflanze oder Ding	Gefühl, Vorstellung oder Gedanke
das Kamel		
das Versprechen		
der Einfall		
der Planet		
die Fantasie		
der Koch		
die Wärme		
die Schönheit		

2 Welche Wörter sind Nomen? Unterstreiche sie blau.

SUSE HAT EINEN TRAUM. SIE SITZT AUF EINER WIESE UND BEOBACHTET DIE TIERE. DA STECKT EIN MAULWURF SEINEN KOPF AUS EINEM ERDHÜGEL, KRAMT EINE BRILLE HERVOR, SCHAUT SUSE AN UND RUFT IHR VOLLER WUT ZU: „HE, SIE SITZEN AUF MEINER GARTENTÜR!“ ERSCHROCKEN SPRINGT SUSE AUF. DOCH BEVOR SIE SICH ENTSCHULDIGEN KANN, IST DER MAULWURF SCHON WIEDER VERSCHWUNDEN. NA, SO WAS!

Einzahl und Mehrzahl

→ Die meisten Nomen (Namenwörter) können in der **Einzahl** und in der **Mehrzahl** stehen. Viele Nomen verändern sich in der Mehrzahl.

der Fisch – **die** Fisch**e** die Hose – **die** Hose**n** das Radio – **die** Radio**s**

Manchmal verändert sich im Nomen auch ein Vokal (Selbstlaut), wenn es in der Mehrzahl steht.

das Haus – **die** H**ä**us**er** der Kopf – **die** K**ö**pf**e** der Hut – **die** H**ü**t**e**

Es gibt aber auch Nomen, die ihre Form in der Mehrzahl nicht verändern.

der Schlüssel – **die** Schlüssel der Kuchen – **die** Kuchen

1 Wie lautet das Wort in der Mehrzahl? Trage ein.

ein Uhu – zwei ______________ ein Koffer – zwanzig ______________
eine Wand – vier ______________ eine Wohnung – zwei ______________
ein Stuhl – wenige ______________ ein Turm – viele ______________
eine Torte – einige ______________ ein Floh – sechs ______________
ein Engel – mehrere ______________ ein Foto – ein paar ______________
eine Kutsche – viele ______________ ein Mädchen – zehn ______________

2 Kreise alle Wörter grün ein, die es nicht in der Einzahl gibt.

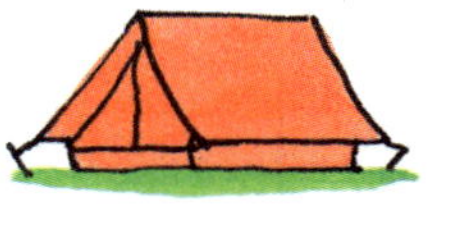

Blumen Leute Schultaschen Eltern Züge
Farben Fahrräder Pausen Ferien
Großeltern Gebrüder Zelte Flöten Geschwister

Bestimmter und unbestimmter Artikel

➔ Alle Nomen (Namenwörter) haben einen **Artikel** (Begleiter). Die bestimmten Artikel in der Einzahl heißen **der**, **die**, **das**. Die unbestimmten Artikel in der Einzahl heißen **ein**, **eine**. In der Mehrzahl gibt es nur einen bestimmten Artikel: **die**.

der Baum	**ein** Baum	**die** Bäume
die Katze	**eine** Katze	**die** Katzen
das Haus	**ein** Haus	**die** Häuser

1

Ordne die Wörter richtig zu und schreibe sie mit Artikel auf.

Werkzeug Trompete Angel Schuh Auto Teddybär
Kerze Schirm Bild Spiegel Radio Luftpumpe

der	**die**	**das**

2

Ergänze die Tabelle.

ein Frosch	der Frosch	die Frösche
	der Zahn	
eine Torte		
		die Fahrräder
	das Pferd	
ein Teller		

Zusammengesetzte Nomen

→ Aus zwei Nomen (Namenwörtern) kannst du oft ein **zusammengesetztes Nomen** bilden. Das erste Wort ist das **Bestimmungswort**. Das zweite Wort wird **Grundwort** genannt. Das Bestimmungswort beschreibt das Grundwort näher. Der Artikel (Begleiter) richtet sich nach dem Grundwort.

das Gemüse	+	**die** Suppe	=	**die** Gemüsesuppe
Bestimmungswort	+	Grundwort	=	zusammengesetztes Nomen

Das Bestimmungswort kann auch ein Adjektiv (Wiewort) oder Verb (Tunwort) sein.

schön + die Schrift = die Schönschrift **malen** + der Block = der Malblock

Manchmal werden zwei Nomen mit einem **s** verbunden. Man nennt es **Fugen-s**.

der Geburt**s**tag das Hochzeit**s**fest

1

Bilde zusammengesetzte Nomen. Schreibe sie mit Artikel auf.

das Wunder	+	die Kerze	=	die Wunderkerze
turnen	+	die Halle	=	die Turnhalle
der Vogel	+	das Haus	=	das Vogelhaus
schwimmen	+	das Bad	=	das Schwimmbad
bunt	+	der Stift	=	der Buntstift
geheim	+	die Schrift	=	die Geheimschrift
rauben	+	der Ritter	=	die Raubritter

2

Wie viele Wörter stecken in den zusammengesetzten Nomen? Trenne sie mit Strichen ab und gib die Anzahl an.

das Hai|fisch|aquarium → 3

die Fuß|ball|spiel|pause → 4

das Zauber|spruch|übungs|buch → 4

das Kinder|spiel|waren|kauf|haus → 5

Zusammengesetzte Nomen

3 Setze immer zwei Wörter zu einem zusammengesetzten Nomen zusammen. Schreibe sie mit dem bestimmten Artikel auf.

Bestimmungswörter			Grundwörter		
Kräuter	Gold	Vogel	Feder	Staub	Schloss
Spuk	kochen	Regen	Rezept	Tropfen	Trank

der Kräutertrank, der Goldstaub, die Vogelfeder, das Kochrezept, die Regentropfen
Spukschloss

4 Welche zusammengesetzten Nomen kannst du mit dem Wort **Tier** bilden? Es kann Bestimmungswort oder Grundwort sein.

das Tier + das Haus, kuscheln, stinken, klein, das Buch, das Futter, wild, das Reich

das Haustier, das Tierfutter, das Kleintir,
das Kuscheltir, das Wildtier, das Tierreich
, das Stinktier, das Tierbuch

5 Kreise alle zusammengesetzten Nomen grün ein. Welche Wörter haben ein Fugen-s? Unterstreiche es rot.

Lukas hat zum Geburtstag zwei Eintrittskarten für ein Freundschaftsspiel der Fußballnationalmannschaft geschenkt bekommen. Jetzt sitzt er neben seinem Vater auf der Tribüne und schaut gespannt auf das Spielfeld. Schon nach wenigen Minuten schießt sein Lieblingsspieler ein Tor. Am Ende zeigt die Anzeigetafel 3 : 0 für Deutschland an. Lukas strahlt: Das war das beste Geburtstagsgeschenk der Welt!

Die vier Fälle des Nomens

Nomen (Namenwörter) können ihre **Form verändern**. Die Form hängt davon ab, wie das Nomen im Satz verwendet wird. Nomen können in **vier verschiedenen Fällen** stehen. Mit Fragen kannst du die Fälle herausfinden.

1. Fall: Der Vogel baut ein Nest.	Frage: **Wer oder was?**
2. Fall: Das ist das Nest **des Vogels**.	Frage: **Wessen?**
3. Fall: Der Junge gibt **dem Vogel** Futter.	Frage: **Wem?**
4. Fall: Das Mädchen beobachtet **den Vogel**.	Frage: **Wen oder was?**

1 Wie fragst du nach dem fett gedruckten Nomen? Schreibe die Fragen in ganzen Sätzen auf.

Der König hat **den Ritter** zu einem Turnier eingeladen.

Die Rüstung **des Ritters** ist immer blitzblank geputzt.

Der Diener bringt **dem Ritter** jeden Morgen das Frühstück ans Bett.

Der Ritter wohnt auf einer großen Burg.

2 Ergänze das Nomen **Igel** mit seinem bestimmten Artikel. Wie lautet das Fragewort?

Du erkennst ____________ an den Stacheln auf seinem Rücken. → ____________?

____________ wachsen ganz früh spitze Stacheln. → ____________?

Die bis zu 9 000 Stacheln ____________ sind sehr spitz und hart. → ____________?

____________ kann sich zu einer Kugel zusammenrollen. → ____________?

Nomen aus Adjektiven und Verben bilden

→ Mithilfe der Endungen **-heit** und **-keit** können aus Adjektiven (Wiewörtern) Nomen (Namenwörter) gebildet werden.

schön – die Schön**heit** eitel – die Eitel**keit**

Mithilfe der Endung **-ung** werden aus Verben (Tunwörtern) Nomen gebildet.

wohnen – die Wohn**ung**

1 Bilde Nomen aus den Adjektiven und Verben. Schreibe sie mit ihrem bestimmten Artikel auf.

~~dumm~~ fröhlich heizen zärtlich wandern gesund albern frei köstlich auffordern pünktlich einsam verkleiden umarmen schüchtern

-heit	-keit	-ung
die Dummheit		

2 Aus welchem Adjektiv oder Verb wurden die Nomen gebildet?

die Sauberkeit: ______________ die Tapferkeit: ______________

die Klugheit: ______________ die Ordnung: ______________

die Sendung: ______________ die Kühnheit: ______________

Persönliche Pronomen

→ **Persönliche Pronomen** (Fürwörter) können für ein Nomen (Namenwort) eingesetzt werden: **ich du er sie es wir ihr sie**.

Theo spielt Schlagzeug. – **Er** spielt Schlagzeug.
Lotte summt ein Lied. – **Sie** summt ein Lied.
Das Kind mag Musik. – **Es** mag Musik.
Clemens und ich singen gerne. – **Wir** singen gerne.

1 Ergänze die fehlenden Pronomen.

Mia freut sich. _____ hat alle Aufgaben richtig.

Nora, hast _____ die Hausaufgaben gemacht?

Florian sucht sein Sportzeug. _____ hat es eben noch gesehen!

Felix, Jakob und Suse kichern. _____ spielen der Lehrerin einen Streich.

Marie und Max, was habt _____ heute Nachmittag vor?

Das Klassenbuch ist verschwunden. Wer hat _____ versteckt?

2 Verbinde die zueinanderpassenden Sätze und ergänze das Pronomen.

Das Pony steht auf der Weide.	_____ haben ein Geheimnis.
Viola rechnet gerne.	_____ spielt oft zusammen.
Paul spielt Fußball.	_____ frisst Gras.
Maria, Ole und Jan tuscheln.	_____ kannst ihn gerne streicheln.
Frank und du, ihr seid gute Freunde.	_____ ist der Torwart.
Der Hund beißt nicht.	_____ mag Mathematik.

Besitzanzeigende Pronomen

→ Die **besitzanzeigenden Pronomen** (Fürwörter) **mein**, **dein**, **sein**, **ihr**, **unser** und **euer** drücken aus, wem etwas gehört. Sie stehen oft vor einem Nomen (Namenwort).

Tonis Buch – **sein** Buch
der Ball des Kindes – **sein** Ball
Annikas Rucksack – **ihr** Rucksack
Lenis und Tims Spiel – **ihr** Spiel

Die Form des Pronomens kann sich verändern.

Lorenz holt **meine** Tasche.
Ich fahre mit **deinem** Fahrrad.

1 Wem gehört das? Wandle die Sätze um und schreibe sie mit besitzanzeigendem Pronomen auf.

 Das Buch gehört Pauline. Das ist ihr Buch.

 Die Bälle gehören Markus. ______________________

 Das Auto gehört Mama und Papa. ______________________

 Die Brille gehört Opa. ______________________

 Die Rassel gehört dem Baby. ______________________

 Die Schaukel gehört Lea und mir. ______________________

 Die Karten gehören Flori und dir. ______________________

2 Welches Pronomen passt?

ihrem	uns	meinen	eure	seiner	dein

Hast du ________ Schal gesehen? Wo ist ________ Hut? Nils sitzt auf ________ Kappe. Ich habe ________ Socken gefunden! Leas Mütze liegt unter ________ Anorak. Die Tasche gehört ________ nicht.

Verben erkennen

➔ **Verben** (Tunwörter) geben an, was jemand tut oder was geschieht. Verben haben einen **Stamm** und eine **Endung**. Verben in der **Grundform** enden meist auf **-en** oder **-n**.

lauf**en** lach**en** kicher**n** lächel**n**

Ein Verb kann seine Form ändern, je nachdem in welcher Person es steht. Diese Formen nennt man **Personalformen**.

Einzahl:	ich renn**e**	du renn**st**	er/sie/es renn**t**
Mehrzahl:	wir renn**en**	ihr renn**t**	sie renn**en**

1

Finde neun weitere Verben in der Grundform und kreise sie ein.

L	T	R	G	U	V	G	A	E	N	B	R	T	L	K
F	L	I	E	G	E	N	D	C	Q	L	E	S	E	N
B	A	G	B	J	K	S	W	F	E	N	R	A	T	M
R	C	B	E	L	E	I	H	X	K	O	P	G	A	U
U	H	T	N	G	N	R	U	T	S	C	H	E	N	V
M	E	B	S	Z	C	W	P	H	U	A	J	N	L	E
M	N	R	T	E	N	K	E	D	B	R	W	Y	H	N
E	S	D	L	A	U	J	N	E	S	S	E	N	P	C
N	T	X	T	A	N	Z	E	N	B	W	Q	I	E	N

2

Bilde die passende Grundform.

Paul saust. sausen

Wir pfeifen. pfeifen

Tina spricht. sprechen

Du nimmst. nehm~~m~~en

Ich rechne. rechnen

! Je nachdem, in welcher Personalform ein Verb steht, kann sich der Verbstamm verändern: **ich werfe**, aber **er wirft**.

Verben in der Gegenwart

➔ **Verben** (Tunwörter) geben an, wann jemand etwas tut oder wann etwas geschieht. Sie können in der **Gegenwart**, in der **Zukunft** oder in der **Vergangenheit** stehen. Die **Gegenwart** benutzt du, wenn etwas jetzt passiert, wenn etwas regelmäßig geschieht oder wenn etwas immer so ist.

Ich **spiele** im Park.
Jeden Freitag **habe** ich Ballettunterricht.

Das Telefon **klingelt**.
Das Gras **ist** grün.

1 Unterstreiche die Verbformen in der Gegenwart.

Moritz, Lars, Ina und Nadine besuchen den Rummelplatz. Moritz läuft sofort zur Achterbahn und fragt Ina: „Fährst du mit mir?“ Ina nickt begeistert. Sie springen in den nächsten Wagen. Der Wagen kriecht erst eine ganze Weile nach oben, dann saust er mit hoher Geschwindigkeit in die Tiefe. Die Bahn hat sogar Loopings! Die Kinder hängen für kurze Zeit kopfüber in den Haltebügeln. Nach ein paar Minuten endet die wilde Fahrt. Am Eingang warten die Freunde. Nadine sieht Moritz und lacht: „Du bist ja ganz grün im Gesicht!“ Moritz grinst etwas schief: „Ich fühle mich aber super!“

2 Schreibe die Gegenwartsform der Verben aus Aufgabe 1 auf.
Verwende dabei die Pronomen (Fürwörter) ich, du, er, sie, es, wir, ihr oder sie.

sie besuchen, er läuft, er fragt,
~~er~~ sie nickt, sie springen, er kriecht,
er saust, sie hat, sie hängen,
sie endet, sie warten, sie sieht,
sie lacht, ~~er ist~~ du bist, er grinst, er fühlt
du fährst

Verben in der Gegenwart

3 Ergänze das Verb **gehen** in der passenden Gegenwartsform.

Sofie __________ zur Tür. „Wohin __________ du?“, möchte Sofies Bruder wissen. „Ich __________ mit Leon zum Judo-Training“, erwidert Sofie. Die Mutter ruft aus dem Wohnzimmer: „__________ ihr direkt zur Sporthalle?“ „Nein“, antwortet Sofie, „wir __________ erst noch mit Leons Hund spazieren.“

4 Ergänze die Verbformen in der Gegenwart.

	laufen
ich	
du	
er	
wir	
ihr	
sie	

	sprechen
ich	
du	
er	
wir	
ihr	
sie	

5 Ergänze das Verb in der Gegenwart.

Olli und Konstantin ____________________ (klettern) auf den Apfelbaum.

Ihr ____________________ (sammeln) Pilze im Wald.

Du ____________________ (helfen) Oma beim Einkaufen.

Papa ____________________ (waschen) das Auto.

Ich ____________________ (schwimmen) im Badesee.

Der Fuchs ____________________ (graben) einen unterirdischen Bau.

Verben in der 1. Vergangenheit

→ Die **1. Vergangenheit** verwendest du, wenn du über etwas berichten willst, das in der **Vergangenheit** passierte. Sie wird meist beim Schreiben eingesetzt. Viele Verben bilden die 1. Vergangenheit mit **-t-**. Es gibt aber auch Verben, die ihre Form verändern, wenn sie in der 1. Vergangenheit stehen.

kaufen: er kauf**t**e
gehen: er ging

wandern: wir wander**t**en
reiten: wir ritten

segeln: ihr segel**t**et
bringen: ihr brachtet

1 Steht das Verb in der 1. Vergangenheit? Kreuze die richtige Antwort an und ergänze die Grundform.

	ja	nein	Grundform
wir kochten	X		kochen
er spazierte			
sie pusten			
wir aßen			
ihr kommt			
sie sprach			
du kletterst			

2 Finde zu jeder Grundform die passende Vergangenheitsform und male sie in der gleichen Farbe an.

sie schlief	ihr lieft	ich las	schlafen
treten	er rannte	kommen	wir kamen
laufen	es war	sein	er trat
du gingst	rennen	lesen	gehen

3 Setze die Formen in die 1. Vergangenheit.

er wandert er wanderte ______ ihr rechnet ______

wir sitzen ______ das Pferd grast ______

Paula sucht ______ ich lache ______

du redest ______ es klirrt ______

4 Ergänze die Verben in der 1. Vergangenheit.

Es ______ (sein) einmal ein wunderbarer Zauberwald. An den Ästen der Bäume ______ (hängen) süße Lollis. An den Sträuchern ______ (wachsen) Schokoladenkekse und das Wasser des Bachs ______ (schmecken) wie Kakao. Auch seltsame Tiere ______ (leben) im Wald: Die Eichhörnchen ______ (singen) den ganzen Tag lustige Lieder, die Hasen ______ (spielen) mit den Füchsen Verstecken und die Vögel ______ (klettern) mit den Waschbären um die Wette. Einmal ______ (finden) ein Mann den Eingang zum Zauberwald. Wieder zu Hause ______ (erzählen) er von seinen Walderlebnissen. Doch niemand ______ (glauben) ihm. Der Mann ______ (schreiben) seine Abenteuer auf und ______ (verkaufen) die Geschichte an einen Verlag. Er ______ (werden) ein berühmter Märchenerzähler. Und bis an sein Lebensende ______ (gehen) er allein in den Zauberwald, ______ (pflücken) sich ein paar Süßigkeiten und ______ (hören) dem Gesang der Eichhörnchen zu.

Verben in der 2. Vergangenheit

→ Auch die **2. Vergangenheit** benutzt du, um etwas zu beschreiben, das in der **Vergangenheit** passiert ist. Du verwendest sie meist beim Sprechen. Die 2. Vergangenheit besteht aus zwei Teilen und wird mit **haben** oder **sein** gebildet.

ich **bin gelaufen**	ich **habe gebaut**
er **ist gelaufen**	er **hat gebaut**
wir **sind gelaufen**	wir **haben gebaut**

1 Wie lauten die Personalformen von **sein** und **haben** in der Gegenwart?

	sein	haben
ich	bin	
du		
er/sie/es		
wir		
ihr		
sie		

2 Womit bilden die Verben die 2. Vergangenheit: mit **haben** oder mit **sein**? Setze die passende Form ein.

Er ________________ gesprungen.

Es ________________ geklingelt.

Wir ________________ gelacht.

Ich ________________ gewandert.

Ihr ________________ gelaufen.

Du ________________ gerechnet.

Ich ________________ telefoniert.

Wir ________________ geschwommen.

! Meist benutzt du **sein** bei Verben, die eine Bewegung ausdrücken.

3 Wer hat letztes Wochenende was gemacht? Setze die Verben in der 2. Vergangenheit ein.

Toni ______________ seine Tante ______________. (besuchen)

Anton und Jakob ___________ mit ihrem Vater ein Baumhaus _____________. (bauen)

Ihr ______________ mit einem Hubschrauber ______________. (fliegen)

Wir ______________ im Wald Kastanien ________________. (sammeln)

Du ______________ mit deinen Freunden eine Radtour ________________. (machen)

Ich ______________ auf einen Aussichtsturm _________________. (klettern)

4 Setze die Sätze in die 2. Vergangenheit. Unterstreiche die Verbformen der 2. Vergangenheit.

Maike schenkt Oma ein selbstgemaltes Bild.

____

Thilo fährt in den Ferien nach Italien.

____

Ich gieße die Blumen vor unserem Haus.

____

Du lernst einen schwierigen Zaubertrick.

____

Wir hören im Garten ein Froschkonzert.

____

Lene springt im Schwimmbad vom Dreimeterbrett.

____

Zeitformen bilden

1 Welche Zeitformen gehören zum selben Verb? Verbinde.

sie lädt	ich gab	wir haben getrunken
ich bin	sie trank	wir haben gegeben
sie rät	wir rieten	ich habe geraten
er trinkt	er log	du hast geladen
du gibst	er lud	sie hat gelogen
ihr lügt	ihr wart	sie ist gewesen

2 Bilde ganze Sätze und schreibe sie auf. Verwende die vorgegebenen Zeiten.

Merle ziehen den Schlitten

Gegenwart: ______________________________

2. Vergangenheit: ______________________________

Roland und Fritz schwimmen im Meer

1. Vergangenheit: ______________________________

2. Vergangenheit: ______________________________

Martin bringen Opa ein Stück Kuchen

Gegenwart: ______________________________

2. Vergangenheit: ______________________________

Adjektive erkennen

→ **Adjektive** (Wiewörter) geben an, welche **Eigenschaften** ein Mensch, ein Tier, eine Pflanze oder ein Gegenstand hat. Sie beschreiben ein Nomen (Namenwort) oder ein Verb (Tunwort) genauer. Adjektive stehen oft zwischen einem Artikel (Begleiter) und einem Nomen. Sie können aber auch hinter einem Verb stehen.

die **laute** Pauke   Der Sänger singt **laut**.   Die Musik ist **laut**.

1 Mit welchen Adjektiven kannst du die Tiere beschreiben? Kreise die zum Nilpferd passenden Adjektive grün und die zum Vogel passenden Adjektive rot ein. Einige Adjektive bleiben übrig.

dick, dünn, leicht, schwer, bunt, lebhaft, groß, teuer, plump, ruhig, klein, nass, braun, silbern, früh, spät, locker, flink, kräftig, frech, trocken, ehrlich

2 Unterstreiche alle Adjektive.

DER KLEINE HUND HAT SICH IM HOHEN GRAS VERSTECKT.

DIE SAFTIGEN UND KNACKIGEN ÄPFEL SCHMECKEN KÖSTLICH!

DAS NEUE BUCH ÜBER UNHEIMLICHE ORTE IST SPANNEND.

DIE RIESIGEN GIRAFFEN SIND FRIEDLICHE PFLANZENFRESSER.

Adjektivformen bilden

→ Wenn ein **Adjektiv** (Wiewort) vor einem Nomen (Namenwort) steht, hat es eine Endung. Die Endung kann sich verändern.

der schön**e** Garten	–	ein schön**er** Garten
die schön**e** Blume	–	eine schön**e** Blume
das schön**e** Bild	–	ein schön**es** Bild
die schön**en** Bäume	–	schön**e** Bäume

1 Welches Adjektiv passt? Ergänze das richtige Wort in der passenden Form.

mächtig lang erfrischend gestreift bunt lecker geschickt

Das ________________ Fell der Zebras dient den Tieren als Tarnung.

Der Elefant spritzt sich mit dem ________________ Rüssel Wasser ins Maul.

Das Nashorn hat ________________ Hörner auf der Nase.

Die ________________ Affen springen blitzschnell von Ast zu Ast.

Die Löwen nehmen im Fluss ein ________________ Bad.

Die Schimpansen verspeisen genüsslich die ________________ Bananen.

Die Papageien haben ein ________________ Federkleid.

→ **Adjektive** (Wiewörter) lassen sich **steigern**. Mit gesteigerten Adjektiven kannst du Lebewesen oder Dinge miteinander vergleichen. Die drei Vergleichsstufen heißen **Grundstufe**, **1. Steigerungsstufe** und **2. Steigerungsstufe**.

Grundstufe:	laut	Tina pfeift **laut**.
1. Steigerungsstufe:	lauter	Luis pfeift **lauter**.
2. Steigerungsstufe:	am lautesten	Kim pfeift **am lautesten**.

1 Ergänze die Grundstufe, die 1. Steigerungsstufe und die 2. Steigerungsstufe.

schnell: Das Pferd ist ______________. Die Gazelle ist ______________.

Der Gepard ist ______________.

klein: Der Schmetterling ist ______________. Die Hummel ist ______________.

Der Floh ist ______________.

krumm: Die Karotte ist ______________. Die Gurke ist ______________.

Die Banane ist ______________.

schwer: Die Schachtel ist ______________. Der Karton ist ______________.

Die Kiste ist ______________.

stark: Der Junge ist ______________. Der Mann ist ______________.

Der Riese ist ______________.

2 Kennst du die 1. und 2. Steigerungsstufe dieser Adjektive? Trage sie ein.

gut: Mia ist _gut_ in Mathe, Moritz ist ______________.

Therese ist ______________.

viel: Cleo liest _viel_. Marlene liest ______________.

Lorenz liest ______________.

Mit Adjektiven vergleichen

→ Mit **Adjektiven** (Wiewörtern) kannst du Lebewesen und Dinge direkt miteinander **vergleichen**.

Moritz ist **kleiner als** Suse.
Nora ist **so groß wie** Alex.

1 Richtig (r) oder falsch (f)? Kreuze an. Unterstreiche die Wörter, die einen Vergleich ausdrücken.

	r	f
Eine Raupe ist so lang wie ein Python.	☐	☒
Ein Eisbär ist dicker als eine Gazelle.	☐	☐
Ein Fluss ist tiefer als ein Bach.	☐	☐
500 g Möhren sind leichter als 500 g Kartoffeln.	☐	☐
Ein Hase ist so stark wie ein Löwe.	☐	☐
Ein Berg ist flacher als ein Hügel.	☐	☐

2 Korrigiere die falschen Aussagen aus Aufgabe 1. Wähle dazu ein passendes Adjektiv aus und bilde die richtige Vergleichsform.

kurz hoch schwer schwach

Eine Raupe ist ______________________________

____

____

____

Adjektive bilden

→ Aus **Nomen** (Namenwörtern) und **Verben** (Tunwörtern) kannst du **Adjektive** bilden. Dazu verwendet man häufig die Endungen **-ig**, **-isch** oder **-lich**.

der Wind – wind**ig**   das Herz – herz**lich**
das Tier – tier**isch**   kaufen – käuf**lich**

1 Willkommen auf Burg Felsenfurcht! Bilde aus den Nomen und dem Verb das passende Adjektiv. Verwende die Endungen **-ig**, **-isch** oder **-lich**.

das Gespenst → ____________________

die Angst → ____________________

der Nebel → ____________________

die Gefahr → ____________________

der Schreck → ____________________

gruseln → ____________________

der Fels → ____________________

! Vorsicht! Bei einigen Wörtern ändert sich der Vokal (Selbstlaut)!

2 Ergänze das fehlende Adjektiv, Verb oder Nomen.

Adjektiv →	Verb
wendig	wenden
	zerbrechen
kratzig	
	rutschen
schädlich	

Adjektiv →	Nomen
witzig	
	das Glück
neugierig	
	der Sport
diebisch	

Zusammengesetzte Adjektive

→ Aus einem Adjektiv (Wiewort) und einem anderen Wort kannst du ein **zusammengesetztes Adjektiv** bilden.

Nomen + **Adjektiv**:	die Kugel + rund = kugelrund
Adjektiv + **Adjektiv**:	klein + kariert = kleinkariert
Verb + **Adjektiv**:	laufen + faul = lauffaul

1 Welche Wörter bilden ein zusammengesetztes Adjektiv? Verbinde und schreibe anschließend das zusammengesetzte Adjektiv auf.

blitzen	laut	______________
der Staub	sauer	______________
bitter	klar	______________
stinken	kalt	______________
hell	süß	______________
das Wunder	schön	______________
der Zucker	trocken	______________
das Glas	wach	______________
klein	blank	______________

2 Hier wird es kniffelig. Weißt du, welche zusammengesetzten Adjektive gemeint sind? Trage sie ein.

Der Mann ist viel größer als normale Menschen. Er ist ______________.

Am Himmel sieht man Sterne und keine Wolken. Die Nacht ist ______________.

Unsere Katze wird nicht gerne nass. Sie ist sehr ______________.

→ Wörter bestehen aus verschiedenen **Wortbausteinen**. Der **Wortstamm** eines Wortes bleibt meist gleich. An den Wortstamm kannst du Vorsilben, Nachsilben oder Endungen hängen. Auf diese Weise entstehen immer neue Wörter.

der **Freund** **freund**lich die **Freund**in an**freund**en

Manchmal ändert sich der Vokal (Selbstlaut) im Wortstamm.

bauen – das Ge**bäu**de **sing**en – der Ge**sang**

1 Trenne den Wortstamm mit Strichen ab.

wundern	hexen	kaufen
die Bewunderung	verhext	der Verkäufer
wunderbar	die Hexerei	käuflich
verwunderlich	die Hexe	verkauft
gewundert	hexend	Kaufhaus

2 Finde zu jedem Nomen (Namenwort) ein Verb (Tunwort) mit dem gleichen Wortstamm.

der Läufer: ____________ der Traum: ____________

der Wunsch: ____________ die Schale: ____________

die Bäckerei: ____________ der Sprung: ____________

3 Schreibe mindestens acht Wörter mit dem Wortstamm **Zauber / zauber** auf.

____

____

Vor- und Nachsilben

→ Mit **Vorsilben** und **Nachsilben** kannst du den Sinn eines Wortes verändern. Vorsilben stehen am Wortbeginn, Nachsilben stehen am Wortende.

Vorsilben:	**Ge**fühl	**an**fühlen
Nachsilben:	fühl**bar**	gefühl**los**

1 Welche Wörter kannst du mit den Vorsilben und den Verben (Tunwörtern) bilden?

Ver-	vor-	ab-	be-	aus-	zer-

brechen: ____________________

schreiben: ____________________

sprechen: ____________________

2 Welche Wortbausteine ergeben zusammen ein sinnvolles Wort? Male die Kärtchen jeweils in der gleichen Farbe an und schreibe die Wörter auf.

-heit	Ferkel-	-schrift	ver-	-lich	-keit	
vor-	-chen	Tapfer-	-ig	-heim-	un-	
Ver-	-witz-	-such	-hex-	Wahr-	Vor-	-t

____________________ ____________________

____________________ ____________________

____________________ ____________________

____________________ ____________________

Wortfamilien

→ Wörter, die den **gleichen Wortstamm** haben, gehören zu einer **Wortfamilie**. Sie werden meist gleich geschrieben. Manchmal kann sich der Stamm allerdings auch ändern.

Wortfamilie **Tier**: Haus**tier**, **tier**isch, **tier**lieb, Un**tier**, **Tier**chen, **Tier**freund
Wortfamilie **laufen**: ver**laufen**, **Lauf**rad, Wett**lauf**, **Läuf**erin, aus**laufen**, ge**läuf**ig

1 Zu welcher Wortfamilie gehören die Wörter? Unterstreiche den jeweiligen Wortstamm in der passenden Farbe.

Geschenkpapier fühlbar wohlfühlen
beschenken
Lenker
gelenkig Fühler
Gefühl Gelenk
Geschenk gefühllos
verschenkt fehlerhaft gelenkt Rechenfehler
fehlerfrei Fehler Lenkstange

schenken **fühlen** **lenken** **fehlen**

2 Unterstreiche den Wortstamm.

trinken	sprechen	gehen
Zaubertrank	Gespräch	Gang
Getränk	gesprochen	Fußgänger
ausgetrunken	Sprichwort	wir gingen

Wortfamilien

3 Schreibe zu jedem Wort mindestens sechs Wörter auf, die zur gleichen Wortfamilie gehören.

Traum: ______________________________

____

Wahl: ______________________________

____

singen: ______________________________

____

4 Immer ein Wort gehört nicht zur Wortfamilie. Streiche es durch.

rasen — der Raser — die Raserei — gerast — die Rast — rasant

unsichtbar — ansehen — der Seemann — sehen — vorhersehbar — die Sehhilfe

ausmalen — malen — die Malerei — gemahlen — bemalt — der Maler

springen — der Sprung — das Springseil — gesprengt — gesprungen

5 Unterstreiche alle Wörter grün, die zur Wortfamilie **denken** gehören.

Der nachdenkliche Dachdecker saß schon eine ganze Weile auf dem Dach. Hier oben konnte er ungestört darüber nachdenken, was er seiner Freundin zum Geburtstag schenken könnte: Eine Decke vielleicht? Oder einen Dackel? Plötzlich kam ihm ein guter Gedanke: Schnell kletterte er die Leiter herunter und rannte zum Marktplatz, wo gleich neben dem Denkmal eines großen Dichters und Denkers eine Buchhandlung lag. Er würde ihr einfach ein Buch mit Denksportaufgaben schenken. Dass er daran nicht sofort gedacht hatte!

→ Mit **Aussagesätzen** kannst du etwas beschreiben, erzählen oder berichten. Ein Aussagesatz endet mit einem **Punkt**. Nach dem Punkt schreibst du groß weiter.

Der Frühling hat begonnen**.** **D**raußen ist es sonnig und warm**.**
Anne war gestern im Kino**.** **S**ie hat einen spannenden Film gesehen**.**

1 Ergänze die fehlenden Punkte. Fahre den auf den Punkt folgenden Großbuchstaben orange nach.

Die Klasse 3b macht einen Ausflug in das Naturkundemuseum Die Kinder bewundern die vielen ausgestellten Fossilien So nennt man versteinerte Pflanzen und Tiere Die ältesten Fossilien, die gefunden wurden, sind etwa 3 Milliarden Jahre alt In dem Museum gibt es auch ein Fossil des Urpferds Es lebte vor etwa 50 Millionen Jahren und ist der Vorfahre unserer heutigen Pferde Allerdings war es mit einer Größe von etwa 60 Zentimetern viel kleiner Auch echte Fußabdrücke von Dinosauriern gibt es im Museum zu sehen Doch die Hauptattraktion sind die riesigen Dinosaurier-Skelette In dem großen Museumssaal stehen ein Stegosaurus, ein Iguanodon, ein Tyrannosaurus und noch viele andere Saurier Die Kinder der 3b sind begeistert Die riesigen Echsen sind zwar schon seit Millionen von Jahren ausgestorben, aber im Museum sehen sie ganz lebendig aus

Fragesatz

→ Du verwendest **Fragesätze**, um Fragen zu stellen. Alle Fragesätze enden mit einem **Fragezeichen**. Manche Fragesätze beginnen mit einem **Fragewort**, zum Beispiel **Wer?**, **Was?**, **Wen?**, **Wo?**, **Wann?** oder **Wohin?**.

Wer ist das**?**	**Wo** wohnst du**?**	**Wie** geht es dir**?**
Kommst du mit**?**	Hast du Ina gesehen**?**	Gehen wir jetzt los**?**

1 Welche Antwort passt zu welcher Frage? Ergänze das fehlende Fragewort und ordne den Buchstaben die richtigen Zahlen zu.

A ________ ist die Lehrerin?	1 Käse und Gurkenscheiben.
B ________ hat den Schwamm versteckt?	2 Ins Freibad.
C ________ beginnt der Sportunterricht?	3 Nico und Leonie.
D ________ geht ihr nach der Schule?	4 Im Lehrerzimmer.
E ________ hast du auf deinem Pausenbrot?	5 Um 10.30 Uhr.

A									

2 Ergänze einen Punkt oder ein Fragezeichen am Ende des Satzes.

Wie viele Kinder hast du zu deinem Geburtstag eingeladen ___

Meine Mutter hat Würstchen mit Kartoffelsalat gemacht ___

Kommen Opa Hans und Oma Leni auch zu der Party ___

Ist das dein neues Fahrrad ___

Haben dir die Geburtstagsgeschenke gefallen ___

Die Party beginnt um 15.00 Uhr ___

Werden gleich die Kerzen auf der Torte angezündet ___

Ausrufe- und Aufforderungssatz

→ Den **Ausrufe-** oder **Aufforderungssatz** verwendest du bei einem Ausruf oder wenn du einen Befehl oder eine Bitte aussprichst. Am Ende eines Ausrufe- oder Aufforderungssatzes steht ein **Ausrufezeichen**.

Ach, so geht das**!** Macht bitte die Tür zu**!**

1 Kreise alle Wörter ein, die einen Ausruf ausdrücken. Ergänze das Ausrufezeichen.

Autsch, das tut weh ___ Ach, ist das schön ___

Oh, wie nett von dir ___ Huch, hast du mich erschreckt ___

Iiih, wie eklig ___ Hurra, ich habe gewonnen ___

2 Wandle die Sätze in Aufforderungssätze um.

Amelie soll das Zimmer aufräumen.

Amelie, räum bitte

Philipp soll den Tisch decken.

Tina und Jonas sollen zum Essen kommen.

Papa soll mit dem Hund spazieren gehen.

Timo soll pünktlich zu Hause sein.

Leon und Kai sollen nicht so laut sein.

Sätze unterscheiden

1 In jedem Kasten stehen ein Aussagesatz, ein Fragesatz und ein Ausrufe- oder Aufforderungssatz. Ergänze das jeweils passende Satzschlusszeichen.

Kommst du heute zu mir ___

Du kommst heute zu mir ___

Komm bitte zu mir ___

Jan setzt sich auf den Stuhl ___

Setzt du dich auf den Stuhl, Jan ___

Jan, setz dich auf den Stuhl ___

Gebt mir bitte die Bücher ___

Gebt ihr mir die Bücher ___

Ihr gebt mir die Bücher ___

Das tut weh ___

Autsch, das tut weh ___

Tut dir das weh ___

2 Ergänze die Satzschlusszeichen.

Hol bitte eine Flasche Saft aus dem Keller ___

Max, vergiss deine Sportsachen nicht ___

Wir holen Mia an der Bushaltestelle ab ___

Thilo, kennst du den Weg ___

Ruth macht einen Vorschlag ___

Ihr habt die Milch vergessen ___

Hast du die Hausaufgaben gemacht ___

Geh bitte nicht weg ___

Lauft schneller ___

Die Baustelle macht viel Lärm ___

Satzglieder erkennen und umstellen

→ In einem Satz bleiben bestimmte Wortgruppen immer zusammen. Du kannst sie im Satz umstellen, ohne dass sich der Sinn des Satzes verändert. Solche Wortgruppen nennt man **Satzglieder**. Satzglieder können aus einem oder aus mehreren Wörtern bestehen.

Der Junge springt über die Pfütze.

Über die Pfütze springt der Junge.

Springt der Junge über die Pfütze?

1 Stelle die Satzglieder jeweils zweimal um und schreibe die Sätze auf. Trenne die einzelnen Satzglieder der Sätze mit Strichen ab.

Milan erfindet eine spannende Geschichte. 

Erfindet Milan eine spannende Geschichte?

Eine spannende Geschichte erfindet Milan.

Die kleine Fledermaus wohnt in einer dunklen Höhle. 

In einer dunklen Höhle wohnt die kleine Fledermaus

Wohnt in einer dunklen Höhle die kleine Fledermaus

Unsere Nachbarn haben einen sprechenden Papagei. 

Haben unsere Nachbarn einen sprechenden Papagei?

Einen sprechenden Papagei haben unsere Nachbarn.

Die Kinder bauen im Wald ein Baumhaus. 

Ein Baumhaus bauen die Kinder im Wald.

Bauen die Kinder ein Baumhaus im Wald?

Satzglieder erkennen und umstellen

2 Mache im Kopf die Umstellprobe und trenne die Satzglieder mit Strichen ab.

Der Bär | holt | mit seiner Pranke | den Honig | aus dem Bienenkorb.

Bei Regen kriechen die Regenwürmer aus der Erde.

In der Baumkrone bauen die Vögel aus Zweigen ihr Nest.

Die Spinne webt zwischen den Sträuchern aus dünnen Fäden ein Netz.

Der Maulwurf gräbt mit seinen Grabschaufeln lange Gänge unter der Erde.

3 Bilde jeweils einen Aussagesatz und einen Fragesatz. Achte darauf, den Satzanfang großzuschreiben.

zur Schule   Anne und Tom   mit dem Fahrrad   jeden Tag   fahren

zu einer Burg   am Montag   die Klasse 3a   einen Ausflug   unternimmt

im Sommer   vor ihrer Höhle   toben und spielen   die Fuchsjungen

→ Das **Subjekt** (Satzgegenstand) ist ein wichtiges Satzglied. Es informiert dich darüber, über wen im Satz etwas gesagt wird. Nach dem Subjekt fragst du mit **Wer?** oder mit **Was?**.

Lea singt. → Frage: **Wer** singt?
Das Haus wird abgerissen. → Frage: **Was** wird abgerissen?

1 **Wer** oder **was**? Frage nach dem Subjekt, benutze das richtige Fragewort und schreibe die Frage auf. Kreise das Subjekt im Aussagesatz ein.

Jonas schreibt eine SMS.

Frage: Wer schreibt eine SMS?

Unser Auto ist kaputt.

Frage: __________

Der Rucksack liegt unter dem Küchentisch.

Frage: __________

Die Katze ist auf den Baum geklettert.

Frage: __________

Im Gartenteich quaken die Frösche.

Frage: __________

Hinter dem Schuppen steht ein altes Fahrrad.

Frage: __________

In der Nacht gehen Eulen lautlos auf Mäusejagd.

Frage: __________

Prädikat

→ Das **Prädikat** (Satzaussage) sagt aus, was das Subjekt (Satzgegenstand) tut oder was geschieht. Es ist immer ein Verb (Tunwort). Du fragst nach dem Prädikat mit **Was geschieht …?** oder **Was tut …?**.

Die Fische **schwimmen**. Die Katze **jagt** die Maus. Es **schneit**.

1 Frage nach dem Prädikat mit **Was tut …?** Schreibe die Frage auf und unterstreiche das Prädikat.

Der Tierpfleger füttert die Elefanten im Zoogehege. 

Frage: Was tut der Tierpfleger?

Die Astronauten fliegen mit einer Rakete ins All. 

Frage: ______

Die Polizisten jagen den Bankräuber. 

Frage: ______

Jeden Morgen verkauft der Bäcker frisches Brot. 

Frage: ______

Die Busfahrerin lenkt den Schulbus durch den Verkehr. 

Frage: ______

2 Kreise in jedem Satz das Prädikat ein.

Die Sonne scheint. Anne und Thilo unternehmen eine Fahrradtour. Eine Menge Kinder spielen auf dem Spielplatz. Unterwegs treffen sie Linus. Die drei fahren zur Eisdiele. Vor der Eisdiele wartet eine lange Schlange. Die Kinder bestellen ihre Lieblingssorten. Dann schlecken sie ihr Eis in der Sonne. Lecker!

Das zweiteilige Prädikat

➔ Ein Prädikat kann aus einem oder aus zwei Teilen bestehen. Bei einem **zweiteiligen Prädikat** stehen häufig die beiden Teile getrennt voneinander im Satz.

Nele **liest** ihrer kleinen Schwester eine Geschichte **vor**.
Frieder **muss** noch Hausaufgaben **machen**.

1 Setze die zusammengesetzten Verben als Prädikate ein.

Lara und Kai basteln Monstermasken: Kai ___zeichnet___ die Maskenformen ___vor___ (vorzeichnen). Dann ________ beide die Masken ________ (ausschneiden). Als Nächstes ________ sie gruselige Gesichter ________ (aufmalen). Zum Schluss ________ sie an den Seiten ein Gummiband ________ (festkleben). Schnell ________ sich Lara und Kai die Masken ________ (aufsetzen) und ________ die alte Kostümkiste ________ (hervorkramen). Sie ________ ihre zotteligen Monsterkostüme ________ (anziehen) und legen sich auf die Lauer, um Leute zu erschrecken. Wer ________ wohl als Erstes ________ (vorbeikommen)?

2 Bilde einen Satz in der Gegenwart.

Der Clown ausrutschen auf einer Bananenschale

____

Anton und Mia aufessen alle Kekse

____

Silvie anrufen ihren Opa in Hamburg

____

Ich ausleihen mir ein neues Buch aus der Bücherei

____

Subjekt und Prädikat

➔ Jeder Satz besteht aus mindestens zwei Satzgliedern: dem **Subjekt** (Satzgegenstand) und dem **Prädikat** (Satzaussage). Das Subjekt kannst du durch ein Pronomen (Fürwort) ersetzen.

Der Hund bellt. **Er** bellt.

1 Durch welches Pronomen kannst du das Subjekt ersetzen? Stelle im Kopf die Frage nach dem Subjekt und unterstreiche es. Schreibe dann den Satz mit dem passenden Pronomen auf.

Die Klasse 3a besucht heute den Zoo.

Im Raubtierhaus bewundern Thilo und Fabian die mächtigen Tiger.

Anne und ich lachen über die lustigen Affen im Affenhaus.

Der Zoodirektor beantwortet den Kindern viele Fragen.

2 Unterstreiche in jedem Satz das Subjekt rot und das Prädikat grün. Es können auch zweiteilige Prädikate vorkommen.

Im Affenhaus toben die Affen durch das Gehege. An einem Ast schaukelt ein riesiger Orang-Utan. Zwei Affenjungen fressen heimlich alle Bananen auf. Dann klettern sie schnell auf die Bäume. Vor der Scheibe zieht ein Schimpanse lustige Grimassen. Er sieht komisch aus! Alle Besucher lachen. Nur das kleine Affenbaby liegt ruhig auf dem Bauch seiner Mutter. Es schläft friedlich. Entdeckst du die dicke Affendame?

Zeichensetzung in der wörtlichen Rede

→ In der **wörtlichen Rede** wird wiedergegeben, was jemand sagt oder denkt. Zu Beginn der wörtlichen Rede stehen **Anführungszeichen**, das Ende wird durch **Schlusszeichen** markiert. Oft wird die wörtliche Rede mit einem **Begleitsatz** eingeleitet. Hinter dem Begleitsatz steht ein **Doppelpunkt**.

Mia sagt**: „**Heute ist schönes Wetter.**“**

Fritz flüstert**: „**Ich habe die Kreide versteckt.**“**

1 Unterstreiche die wörtliche Rede grün und die Begleitsätze rot.

Der Familienausflug

Familie Berger möchte einen Ausflug machen. Frau Berger fragt die Kinder: „Wohin sollen wir denn fahren?“ Die kleine Lilo schlägt vor: „Wir können alle zum Abenteuerspielplatz gehen.“ Doch ihr Bruder Anton will nicht auf den Spielplatz. Er meint: „Ich will zum Kinderbauernhof.“ Doch darauf hat Linus keine Lust. Er meckert: „Da waren wir schon so oft. Lasst uns lieber ein Picknick machen!“ Da macht Herr Berger einen Vorschlag: „Dann unternehmen wir eben einen Ausflug in den Park. Zuerst machen wir da ein Picknick in der Nähe des Spielplatzes und anschließend besuchen wir im Streichelzoo die Ziegen und Schafe.“ Frau Berger fügt hinzu: „Und am Abend fahren wir noch bei Giovannis Eisdiele vorbei.“ Die Kinder jubeln: „Das ist eine super Idee!“

Zeichensetzung in der wörtlichen Rede

> **!** Nach dem Doppelpunkt schreibst du groß weiter.

2 Was sagen die Kinder? Ergänze die wörtliche Rede.

Max meint: ____

Tine ergänzt: ____

Jan widerspricht: ____

Sarah meckert: ____

3 Ergänze Doppelpunkt, Anführungszeichen und Schlusszeichen an den richtigen Stellen im Satz.

Die Kinder der 3c feuern beim Schulturnier ihre Mannschaft an. Paul stöhnt __ __ Es steht immer noch 1 : 1. __ Julie fragt Leo __ __ Wie lange dauert die Halbzeit noch? __ Leo antwortet __ __ Das Spiel wird in 5 Minuten abgepfiffen. __ Da ruft Anne laut __ __ Moritz vor, noch ein Tor! __ Karsten brüllt __ __ Ihr schafft das! __ Nora schreit __ __ Schieß, Suse, schieß! __ Suse schießt und der Ball trifft genau ins Tor. Die Kinder jubeln __ __ Wir haben gewonnen! __ Lorenz stellt fest __ __ Wir haben die besten Fußballspieler der Schule. __ Und Rosa ergänzt __ __ Das muss gefeiert werden! __

Lösungen

Seite 4

1

	Mensch, Tier, Pflanze oder Ding	Gefühl, Vorstellung oder Gedanke
das Kamel	x	
das Versprechen		x
der Einfall		x
der Planet	x	
die Fantasie		x
der Koch	x	
die Wärme		x
die Schönheit		x

2 SUSE, TRAUM, WIESE, TIERE, MAULWURF, KOPF, ERDHÜGEL, BRILLE, SUSE, WUT, GARTENTÜR, SUSE, MAULWURF

Seite 5

1 zwei Uhus, vier Wände, wenige Stühle, einige Torten, mehrere Engel, viele Kutschen, zwanzig Koffer, zwei Wohnungen, viele Türme, sechs Flöhe, ein paar Fotos, zehn Mädchen

2 Eltern, Großeltern, Gebrüder, Ferien, Geschwister

Seite 6

1 der: der Schuh, der Teddybär, der Schirm, der Spiegel; die: die Trompete, die Angel, die Kerze, die Luftpumpe; das: das Werkzeug, das Auto, das Bild, das Radio

2 ein Zahn – der Zahn – die Zähne, eine Torte – die Torte – die Torten, ein Fahrrad – das Fahrrad – die Fahrräder, ein Pferd – das Pferd – die Pferde, ein Teller – der Teller – die Teller

Seite 7

1 die Turnhalle, das Vogelhaus, das Schwimmbad, der Buntstift, die Geheimschrift, der Raubritter

2 die Fuß|ball|spiel|pause: **4**,
das Zauber|spruch|übungs|buch: **4**,
das Kinder|spiel|waren|kauf|haus: **5**

Seite 8

3 der Goldstaub, die Vogelfeder, das Spukschloss, das Kochrezept, der Regentropfen

4 das Kleintier, das Kuscheltier, das Stinktier, das Tierfutter, das Wildtier, das Tierreich, das Tierbuch

5 Eintrittskarten, Freundschaftsspiel, Fußballnationalmannschaft, Spielfeld, Lieblingsspieler, Anzeigetafel, Deutschland, Geburtstagsgeschenk

Seite 9

1 **Wen oder was** hat der König zu einem Turnier eingeladen? **Wessen** Rüstung ist immer blitzblank geputzt? **Wem** bringt der Diener jeden Morgen das Frühstück ans Bett? **Wer oder was** wohnt auf einer großen Burg?

2 den Igel – Wen?, Dem Igel – Wem?, des Igels – Wessen?, Der Igel – Wer?

Seite 10

1 -heit: die Gesundheit, die Albernheit, die Freiheit, die Schüchternheit
-keit: die Fröhlichkeit, die Zärtlichkeit, die Köstlichkeit, die Pünktlichkeit, die Einsamkeit
-ung: die Heizung, die Wanderung, die Aufforderung, die Verkleidung, die Umarmung

2 sauber, klug, senden, tapfer, ordnen, kühn

Seite 11

1 Sie, du, Er, Sie, ihr, es

2 Das Pony steht auf der Weide. **Es** frisst Gras. Viola rechnet gerne. **Sie** mag Mathematik. Paul spielt Fußball. **Er** ist der Torwart. Maria, Ole und Jan tuscheln. **Sie** haben ein Geheimnis. Frank und du, ihr seid gute Freunde. **Ihr** spielt oft zusammen. Der Hund beißt nicht. **Du** kannst ihn gerne streicheln.

Seite 12

1 Das sind seine Bälle. Das ist ihr Auto. Das ist seine Brille. Das ist seine Rassel. Das ist unsere Schaukel. Das sind eure Karten.

2 meinen, dein, seiner, eure, ihrem, uns

Seite 13

1

L	T	R	G	U	V	G	A	E	N	B	R	T	L	K
F	L	I	E	G	E	N	D	C	Q	L	E	S	E	N
B	A	G	B	J	K	S	W	F	E	N	R	A	T	M
R	C	B	E	L	E	I	H	X	K	O	P	G	A	U
U	H	T	N	G	N	R	U	T	S	C	H	E	N	V
M	E	B	S	Z	C	W	P	H	U	A	J	N	L	E
M	N	R	T	E	N	K	E	D	B	R	W	Y	H	N
E	S	D	L	A	U	J	N	E	S	S	E	N	P	C
N	T	X	T	A	N	Z	E	N	B	W	Q	I	E	N

2 sausen, pfeifen, sprechen, nehmen, rechnen

Seite 14

1 läuft, fragt, Fährst, nickt, springen, kriecht, saust, hat, hängen, endet, warten, sieht, lacht, bist, grinst, fühle

2 er läuft, er fragt, du fährst, sie nickt, sie springen, er kriecht, er saust, sie hat, sie hängen, sie endet, sie warten, sie sieht, sie lacht, du bist, er grinst, ich fühle

Seite 15

3 geht, gehst, gehe, Geht, gehen

4 laufen: ich laufe, du läufst, er läuft, wir laufen, ihr lauft, sie laufen

Lösungen

sprechen: ich spreche, du sprichst, er spricht, wir sprechen, ihr sprecht, sie sprechen

5 klettern, sammelt, hilfst, wäscht, schwimme, gräbt

Seite 16

1

	ja	nein	Grundform
wir kochten	x		kochen
er spazierte	x		spazieren
sie pusten		x	pusten
wir aßen	x		essen
ihr kommt		x	kommen
sie sprach	x		sprechen
du kletterst		x	klettern

2 sie schlief – schlafen, ihr lieft – laufen, ich las – lesen, er trat – treten, er rannte – rennen, wir kamen – kommen, es war – sein, du gingst – gehen

Seite 17

3 wir saßen, Paula suchte, du redetest, ihr rechnetet, das Pferd graste, ich lachte, es klirrte

4 war, hingen, wuchsen, schmeckte, lebten, sangen, spielten, kletterten, fand, erzählte, glaubte, schrieb, verkaufte, wurde, ging, pflückte, hörte

Seite 18

1 sein: ich bin, du bist, er/sie/es ist, wir sind, ihr seid, sie sind; haben: ich habe, du hast, er/sie/es hat, wir haben, ihr habt, sie haben

2 ist, hat, haben, bin, seid, hast, habe, sind

Seite 19

3 Toni **hat** seine Tante **besucht**. Anton und Jakob **haben** mit ihrem Vater ein Baumhaus **gebaut**. Ihr **seid** mit einem Hubschrauber **geflogen**. Wir **haben** im Wald Kastanien **gesammelt**. Du **hast** mit deinen Freunden eine Radtour **gemacht**. Ich **bin** auf einen Aussichtsturm **geklettert**.

4 Maike hat Oma ein selbstgemaltes Bild geschenkt. Thilo ist in den Ferien nach Italien gefahren. Ich habe die Blumen vor unserem Haus gegossen. Du hast einen schwierigen Zaubertrick gelernt. Wir haben im Garten ein Froschkonzert gehört. Lene ist im Schwimmbad vom Dreimeterbrett gesprungen.

Seite 20

1 ich bin – ihr wart – sie ist gewesen, sie rät – wir rieten – ich habe geraten, er trinkt – sie trank – wir haben getrunken, du gibst – ich gab – wir haben gegeben, ihr lügt – er log – sie hat gelogen

2 Merle zieht den Schlitten. Merle hat den Schlitten gezogen.
Roland und Fritz schwammen im Meer. Roland und Fritz sind im Meer geschwommen.
Martin bringt Opa ein Stück Kuchen. Martin hat Opa ein Stück Kuchen gebracht.

Seite 21

1 Nilpferd: dick, schwer, groß, plump, ruhig, nass, braun, kräftig; Vogel: dünn, leicht, bunt, lebhaft, klein, flink, trocken, frech

2 KLEINE, HOHEN, SAFTIGEN, KNACKIGEN, KÖSTLICH, NEUE, UNHEIMLICHE, SPANNEND, RIESIGEN, FRIEDLICHE

Seite 22

1 gestreifte, langen, mächtige, geschickten, erfrischendes, leckeren, buntes

Seite 23

1 schnell, schneller, am schnellsten; klein, kleiner, am kleinsten; krumm, krummer, am krummsten; schwer, schwerer, am schwersten; stark, stärker, am stärksten

2 gut, besser, am besten; viel, mehr, am meisten

Seite 24

1 Ein Eisbär ist dicker als eine Gazelle. r; Ein Fluss ist tiefer als ein Bach. r; 500 g Möhren sind leichter als 500 g Kartoffeln. f; Ein Hase ist so stark wie ein Löwe. f; Ein Berg ist flacher als ein Hügel. f

2 Eine Raupe ist kürzer als ein Python. 500 g Möhren sind so schwer wie 500 g Kartoffeln. Ein Hase ist schwächer als ein Löwe. Ein Berg ist höher als ein Hügel.

Seite 25

1 gespenstisch, ängstlich, nebelig (oder: neblig), gefährlich, schrecklich, gruselig, felsig

2 zerbrechlich – zerbrechen, kratzig – kratzen, rutschig – rutschen, schädlich – schaden
witzig – der Witz, glücklich – das Glück, neugierig – die Neugier (oder: die Neugierde), sportlich – der Sport, diebisch – der Dieb

Seite 26

1 kleinlaut, stinksauer, glasklar, bitterkalt, zuckersüß, wunderschön, staubtrocken, hellwach, blitzblank

2 riesengroß, sternenklar, wasserscheu

Seite 27

1 wunder|n, die Be|wunder|ung, wunder|bar, ver|wunder|lich, ge|wunder|t
hex|en, ver|hex|t, die Hex|erei,
die Hex|e, hex|end
kauf|en, der Ver|käuf|er, käuf|lich, ver|kauf|t,

Kauf|haus
2 laufen, wünschen, backen, träumen, schälen, springen
3 zum Beispiel: der Zauberer, der Zauberstab, gezaubert, verzaubern, bezaubert, zaubern, entzaubern, zauberhaft, das Zauberbuch, der Hexenzauber

Seite 28
1 brechen: das Verbrechen, abbrechen, ausbrechen, zerbrechen; schreiben: vorschreiben, abschreiben, beschreiben, ausschreiben; sprechen: das Versprechen, vorsprechen, absprechen, besprechen, aussprechen
2 Ferkelchen, Tapferkeit, Versuch, Wahrheit, verhext, vorwitzig, Vorschrift, unheimlich

Seite 29
1 schenken: Geschenkpapier, beschenken, Geschenk, verschenkt; fühlen: wohlfühlen, fühlbar, Gefühl, Fühler, gefühllos; lenken: gelenkig, Lenker, Lenkstange, Gelenk, gelenkt; fehlen: Rechenfehler, fehlerhaft, fehlerfrei, Fehler
2 trinken, Zaubertrank, Getränk, ausgetrunken sprechen, Gespräch, gesprochen, Sprichwort gehen, Gang, Fußgänger, wir gingen

Seite 30
3 zum Beispiel:
Traum: träumen, geträumt, träumerisch, Albtraum, Tagtraum, verträumt, traumhaft
Wahl: wählen, wählerisch, gewählt, Stichwahl, Wahltag, unwählbar, wählbar
singen: Gesang, Singvogel, singend, gesungen, Sänger, Chorgesang, vorsingen, versingen
4 die Rast, der Seemann, gemahlen, gesprengt
5 nachdenkliche, nachdenken, Gedanke, Denkmal, Denkers, Denksportaufgaben, gedacht

Seite 31
1 Die Klasse 3b macht einen Ausflug in das Naturkundemuseum. Die Kinder bewundern die vielen ausgestellten Fossilien. So nennt man versteinerte Pflanzen und Tiere. Die ältesten Fossilien, die gefunden wurden, sind etwa 3 Milliarden Jahre alt. In dem Museum gibt es auch ein Fossil des Urpferds. Es lebte vor etwa 50 Millionen Jahren und ist der Vorfahre unserer heutigen Pferde. Allerdings war es mit einer Größe von etwa 60 Zentimetern viel kleiner. Auch echte Fußabdrücke von Dinosauriern gibt es im Museum zu sehen. Doch die Hauptattraktion sind die riesigen Dinosaurier-Skelette. In dem großen Museumssaal stehen ein Stegosaurus, ein Iguanodon, ein Tyrannosaurus und noch viele andere Saurier. Die Kinder der 3b sind begeistert. Die riesigen Echsen sind zwar schon seit Millionen von Jahren ausgestorben, aber im Museum sehen sie ganz lebendig aus.

Seite 32
1 **Wo** ist die Lehrerin? **Wer** hat den Schwamm versteckt? **Wann** beginnt der Sportunterricht? **Wohin** geht ihr nach der Schule? **Was** hast du auf deinem Pausenbrot?
A 4, B 3, C 5, D 2, E 1
2 Wie viele Kinder hast du zu deinem Geburtstag eingeladen**?** Meine Mutter hat Würstchen mit Kartoffelsalat gemacht**.** Kommen Opa Hans und Oma Leni auch zu der Party**?** Ist das dein neues Fahrrad**?** Haben dir die Geburtstagsgeschenke gefallen**?** Die Party beginnt um 15.00 Uhr**.** Werden gleich die Kerzen auf der Torte angezündet**?**

Seite 33
1 Autsch, das tut weh! Oh,wie nett von dir! Iiih, wie eklig! Ach, ist das schön! Huch, hast du mich erschreckt! Hurra, ich habe gewonnen!
2 Amelie, räum bitte das Zimmer auf! Philipp, deck bitte den Tisch! Tina und Jonas, kommt bitte zum Essen! Papa, geh bitte mit dem Hund spazieren! Timo, sei bitte pünktlich zu Hause! Leon und Kai, seid bitte nicht so laut!

Seite 34
1 Kommst du heute zu mir? Du kommst heute zu mir. Komm bitte zu mir!
Jan setzt sich auf den Stuhl. Setzt du dich auf den Stuhl, Jan? Jan, setz dich auf den Stuhl! Gebt mir bitte die Bücher! Gebt ihr mir die Bücher? Ihr gebt mir die Bücher.
Das tut weh. Autsch, das tut weh! Tut dir das weh?
2 Hol bitte eine Flasche Saft aus dem Keller! Max, vergiss deine Sportsachen nicht! Wir holen Mia an der Bushaltestelle ab. Thilo, kennst du den Weg? Ruth macht einen Vorschlag. Ihr habt die Milch vergessen. Hast du die Hausaufgaben gemacht? Geh bitte nicht weg! Lauft schneller! Die Baustelle macht viel Lärm.

Seite 35
1 Milan|erfindet|eine spannende Geschichte. Eine spannende Geschichte|erfindet|Milan. Erfindet|Milan|eine spannende Geschichte?
Die kleine Fledermaus|wohnt|in einer dunklen Höhle. In einer dunklen Höhle|wohnt|die kleine Fledermaus. Wohnt|die kleine Fledermaus|in einer dunklen Höhle?
Unsere Nachbarn|haben|einen sprechenden Papagei. Einen sprechenden Papagei|haben|

Lösungen

unsere Nachbarn. Haben | unsere Nachbarn | einen sprechenden Papagei?
Die Kinder | bauen | im Wald | ein Baumhaus.
Im Wald | bauen | die Kinder | ein Baumhaus.
Bauen | die Kinder | im Wald | ein Baumhaus?

Seite 36

2 Bei Regen | kriechen | die Regenwürmer | aus der Erde. In der Baumkrone | bauen | die Vögel | aus Zweigen | ihr Nest. Die Spinne | webt | zwischen den Sträuchern | aus dünnen Fäden | ein Netz. Der Maulwurf | gräbt | mit seinen Grabschaufeln | lange Gänge | unter der Erde.

3 Bei dieser Aufgabe gibt es mehrere Möglichkeiten, zum Beispiel: Anne und Tom fahren jeden Tag mit dem Fahrrad zur Schule. Fahren Anne und Tom jeden Tag mit dem Fahrrad zur Schule? Die Klasse 3a unternimmt am Montag einen Ausflug zu einer Burg. Unternimmt die Klasse 3a am Montag einen Ausflug zu einer Burg? Die Fuchsjungen toben und spielen im Sommer vor ihrer Höhle. Toben und spielen die Fuchsjungen im Sommer vor ihrer Höhle?

Seite 37

1 Was ist kaputt? – Unser Auto; Was liegt unter dem Küchentisch? – Der Rucksack; Wer ist auf den Baum geklettert? – Die Katze; Wer quakt im Gartenteich? – die Frösche; Was steht hinter dem Schuppen? – ein altes Fahrrad; Wer geht in der Nacht lautlos auf Mäusejagd? – Eulen

Seite 38

1 Was tun die Astronauten? – fliegen; Was tun die Polizisten? – jagen; Was tut der Bäcker? – verkauft; Was tut die Busfahrerin? – lenkt

2 unternehmen, spielen, treffen, fahren, wartet, bestellen, schlecken

Seite 39

1 Dann **schneiden** beide die Masken **aus**. Als Nächstes **malen** sie gruselige Gesichter **auf**. Zum Schluss **kleben** sie an den Seiten ein Gummiband **fest**. Schnell **setzen** sich Lara und Kai die Masken **auf** und **kramen** die alte Kostümkiste **hervor**. Sie **ziehen** ihre zotteligen Monsterkostüme **an** und legen sich auf die Lauer, um Leute zu erschrecken. Wer **kommt** wohl als Erstes **vorbei**?

2 Der Clown rutscht auf einer Bananenschale aus. Anton und Mia essen alle Kekse auf. Silvie ruft ihren Opa in Hamburg an. Ich leihe mir ein neues Buch aus der Bücherei aus.

Seite 40

1 **Sie** besucht heute den Zoo. Im Raubtierhaus bewundern **sie** die mächtigen Tiger. **Wir** lachen über die lustigen Affen im Affenhaus. **Er** beantwortet den Kindern viele Fragen.

2 Im Affenhaus toben die Affen durch das Gehege. An einem Ast schaukelt ein riesiger Orang-Utan. Zwei Affenjungen fressen heimlich alle Bananen auf. Dann klettern sie schnell auf die Bäume. Vor der Scheibe zieht ein Schimpanse lustige Grimassen. Er sieht komisch aus! Alle Besucher lachen. Nur das kleine Affenbaby liegt ruhig auf dem Bauch seiner Mutter. Es schläft friedlich. Entdeckst du die dicke Affendame?

Seite 41

1 Familie Berger möchte einen Ausflug machen. Frau Berger fragt die Kinder: „Wohin sollen wir denn fahren?“ Die kleine Lilo schlägt vor: „Wir können alle zum Abenteuerspielplatz gehen.“ Doch ihr Bruder Anton will nicht auf den Spielplatz. Er meint: „Ich will zum Kinderbauernhof.“ Doch darauf hat Linus keine Lust. Er meckert: „Da waren wir schon so oft. Lasst uns lieber ein Picknick machen!“ Da macht Herr Berger einen Vorschlag: „Dann unternehmen wir eben einen Ausflug in den Park. Zuerst machen wir da ein Picknick in der Nähe des Spielplatzes und anschließend besuchen wir im Streichelzoo die Ziegen und Schafe.“ Frau Berger fügt hinzu: „Und am Abend fahren wir noch bei Giovannis Eisdiele vorbei.“ Die Kinder jubeln: „Das ist eine super Idee!“

Seite 42

2 Max meint: „Das war ein toller Schuss.“ Tine ergänzt: „Der Torwart hatte keine Chance.“ Jan widerspricht: „Das war ein Glückstreffer.“ Sarah meckert: „Der Torwart wurde abgelenkt.“

3 Die Kinder der 3c feuern beim Schulturnier ihre Mannschaft an. Paul stöhnt**: „**Es steht immer noch 1 : 1.**“** Julie fragt Leo**: „**Wie lange dauert die Halbzeit noch?**“** Leo antwortet**: „**Das Spiel wird in 5 Minuten abgepfiffen.**“** Da ruft Anne laut**: „**Moritz vor, noch ein Tor!**“** Karsten brüllt**: „**Ihr schafft das!**“** Nora schreit**: „**Schieß, Suse, schieß!**“** Suse schießt und der Ball trifft genau ins Tor. Die Kinder jubeln**: „**Wir haben gewonnen!**“** Lorenz stellt fest**: „**Wir haben die besten Fußballspieler der Schule.**“** Und Rosa ergänzt**: „**Das muss gefeiert werden!**“**

Wichtige Fachbegriffe

Nomen (Namenwort)	der Junge, die Blume, das Haus		
	1. Fall, Wer-Fall:	Wer oder was?	der Junge
	2. Fall, Wessen-Fall:	Wessen?	des Jungen
	3. Fall, Wem-Fall:	Wem?	dem Jungen
	4. Fall, Wen-Fall:	Wen oder was?	den Jungen
Artikel (Begleiter)	der Baum – ein Baum – die Bäume die Katze – eine Katze – die Katzen das Haus – ein Haus – die Häuser		
Pronomen (Fürwort)	**Persönliche Pronomen:** ich, du, er, sie, es, wir, ihr, sie **Besitzanzeigende Pronomen:** mein, dein, sein, ihr, unser, euer, ihr		
Verb (Tunwort)	**Grundform:**	trinken	
	Personalform:	ich trinke, du trinkst, er/sie/es trinkt, ...	
	Gegenwart:	Ich trinke ein Glas Milch.	
	1. Vergangenheit:	Gestern regnete es.	
	2. Vergangenheit:	Ich habe ein Bild gemalt.	
	Zukunft:	Wir werden gewinnen.	
Adjektiv (Wiewort)	das süße Kätzchen Der Apfel schmeckt süß.		
	Grundstufe:	Tina pfeift laut.	
	1. Steigerungsstufe:	Luis pfeift lauter.	
	2. Steigerungsstufe:	Kim pfeift am lautesten.	
Subjekt (Satzgegenstand)	Lea singt.	Frage: Wer oder was singt?	
Prädikat (Satzaussage)	Die Fische schwimmen. Nele liest mir vor.	Frage: Was geschieht? Was wird getan?	